Beate Büngers
Kristin Rücker

AF551352

Mouse

Bewegtes Lernen!

ENGLISCH

1.–4. Klasse

Inhalte in und durch Bewegung nachhaltig verankern

6. Auflage 2020
© Auer Verlag
AAP Lehrerwelt GmbH, Augsburg
Alle Rechte vorbehalten
Das Werk und seine Teile sind urheberrechtlich geschützt. Jede Nutzung in anderen als den gesetzlich zugelassenen Fällen bedarf der vorherigen schriftlichen Einwilligung des Verlages. Hinweis zu § 52 a UrhG: Weder das Werk noch seine Teile dürfen ohne eine solche Einwilligung eingescannt und in ein Netzwerk eingestellt werden. Dies gilt auch für Intranets von Schulen und sonstigen Bildungseinrichtungen.
Illustrationen: Corina Beurenmeister
Satz: krauß-verlagsservice, Niederschönenfeld
Druck und Bindung: Franz X. Stückle Druck und Verlag, Ettenheim ISBN 978-3-403-**06855**-6

www.auer-verlag.de

Zum Aufbau

Der vorliegende Band bietet eine Sammlung an 50 Möglichkeiten, Methoden und Ideen, wie „Bewegtes Lernen“ leicht und effektiv in den Unterricht integriert werden kann. Dabei sind jeweils verschiedene Vorschläge zu den wesentlichen Themen des Englischunterrichts zu finden.

Alle Übungen wurden im Unterricht erprobt, sind vielseitig einsetzbar und können leicht an die spezifischen Bedürfnisse der Adressatengruppe angepasst werden.

Jede Übung nimmt eine Seite ein. Der Name der Bewegungsübung, die Dauer und der Grad der Bewegungsintensität (gering – mittel – hoch) finden sich dabei direkt in der Kopfzeile. Zu einigen Übungen finden sich auf einer zweiten Seite Vorschläge bzw. Kopiervorlagen für Wort- und Bildkarten.

Zur schnellen Orientierung sind immer das **Thema** und das **Material**, das benötigt wird, aufgeführt.

Außerdem sind immer der **Wortschatz**, der innerhalb der Übung abgedeckt wird, sowie die englischen **Redewendungen**, die gebraucht werden, aufgelistet.

Die Erläuterungen zur **Durchführung** wurden zur besseren Handhabung knapp gehalten.

Zusätzlich können sich noch **Hinweise** – wenn notwendig – oder eine **Variation** bzw. mehrere **Variationen** der Übungen finden.

Einige Übungen wurden von uns selbst entwickelt, andere sind weitläufig bekannt, in der Literatur bereits häufig erwähnt und in vielen Variationen beschrieben. Hier war keine eindeutige Quellenangabe möglich.

Zum leichteren Wiederauffinden bestimmter Übungen sind im **Index** (S. 64) alle Übungen in alphabetischer Reihenfolge aufgelistet.

Beate Rüngers / Kristin Rücker: Bewegtes Lernen! Englisch © Auer Verlag

Thema:	Numbers
Material:	Ziffernkarten von 1–20 bzw. beliebige Zahlen (mindestens für jeden Schüler 1) Ziffernkarten mit einer Auswahl an Zahlen von 1–100 für Variation b)
Wortschatz:	one, two, three…
Redewendungen:	… and … change places.

Durchführung:

Die Schüler[1] sitzen im Stuhlkreis, ein Schüler steht in der Mitte. Jeder Schüler hält für alle sichtbar eine Ziffernkarte in der Hand. Der Schüler in der Mitte benennt die Zahlen, die die Plätze tauschen sollen, z. B. „One and three change places.“. Beim Wechseln versucht das Kind in der Mitte, einen Sitzplatz zu bekommen. Wer keinen Platz bekommen hat, bleibt in der Mitte stehen und nennt die nächsten beiden Zahlen.

Variationen:

a) Es werden nur Zehnerzahlen genommen.

b) Die schwierigsten Zahlen bis 100 sind auf den Karten.

c) Es werden mehr als zwei Ziffern gleichzeitig genannt.

Hinweis:

Die Kinder legen die Zahlenkarten vor ihren Füßen auf dem Boden ab. So ist es für das ansagende Kind leichter, die Zahlen zu nennen. Nach dem Tausch der Plätze zwischen zwei oder auch allen Schülern hat jedes Kind eine neue Ziffernkarte vor sich liegen. Wenn die Zahlen, mit denen gespielt wird, auf große Etikette geschrieben werden, kann sich jedes Kind gut sichtbar seine Zahl ankleben.

Beate Büngers/Kristin Rücker: Bewegtes Lernen! Englisch © Auer Verlag

[1] Aufgrund der besseren Lesbarkeit ist in diesem Buch mit Schüler auch immer Schülerin gemeint, ebenso verhält es sich mit Lehrer und Lehrerin etc.

Thema: Numbers

Material: –
evtl. Redewendungen auf Karten für Variation b)

Wortschatz: one, two, three, …, twenty

Redewendungen: Clap your hands … times.
Stamp your feet … times.
Click your fingers … times.
Show me … fingers.
Jump … times.
Turn around … times.
Close your eyes … times.
Bend your knees … times.

Durchführung:

Die Schüler stehen hinter ihrem Stuhl. Der Lehrer gibt die englische Anweisung, was gemacht werden soll. Die Schüler führen unter lautem Zählen die Bewegungen durch.

Variationen:

a) Im Wechsel übernehmen die Schüler die Rolle des Lehrers.

b) Es werden mehrere Kleingruppen gebildet – dadurch ist der Sprachanteil des sprechenden Schülers höher. Die sprechenden Schüler sollten in einem bestimmten Turnus (z. B. nach jeder Redewendung) wechseln und die Redewendungen sollten für alle sichtbar an der Tafel oder auf Karten stehen. Werden die Redewendungen auf Karten geschrieben, kann ein Schüler eine ziehen und diese vorlesen. Das ist besonders für Kleingruppen geeignet.

Hinweis:

Oftmals haben die Schüler tolle Ideen für weitere Bewegungsmuster. Der Lehrer kann die Kinder Bewegungsmuster auf Deutsch nennen lassen, die er dann in die englische Sprache übersetzt.

Beate Büngers / Kristin Rücker: Bewegtes Lernen! Englisch © Auer Verlag

Thema: Colours

Material: –
Farbkarten für Variation c)
Musik für Variation d)

Wortschatz: yellow, orange, red, pink, purple, blue, green, brown, black, white, …

Redewendungen: Touch something green/yellow/blue/red…

Durchführung:

Die Schüler bewegen sich im Klassenraum. Auf Anweisung des Lehrers sollen sie so schnell wie möglich etwas in der jeweiligen Farbe anfassen oder berühren. Hierbei können die Schüler selbst den jeweiligen Grad der Bewegungsintensität wählen. Aktivere Kinder werden sich Dinge aussuchen, die schwerer zu erreichen sind, ruhigere Kinder nehmen eventuell sogar die Stifte aus dem Mäppchen.

Variationen:

a) Ein Schüler übernimmt die Rolle des Lehrers.

b) Es dürfen nur bestimmte Dinge im Raum (z. B. der Inhalt des Mäppchens) berührt werden.

c) Karten mit den jeweiligen Farben liegen aus und müssen gefunden werden.

d) Mit Musik spielen: Bei Musikstopp wird die Anweisung gegeben.

e) Die Bewegungsform kann geändert werden: durch den Raum in der Hocke gehen, auf Zehenspitzen laufen, hüpfen, …

Hinweis:

Der Lehrer legt vorher fest, ob persönliche Dinge benutzt werden dürfen oder nicht.

Beate Büngers/Kristin Rücker: Bewegtes Lernen! Englisch © Auer Verlag

4 Mr. Crocodile

Thema: Colours

Material: –

Wortschatz: yellow, orange, red, pink, purple, blue, green, brown, black, white, …

Redewendungen: Please, Mr. Crocodile, may I cross the water?
Red/Blue… may cross.

Durchführung:

Die Schüler stehen nebeneinander am Ende des Raumes. Gegenüber, mitten im Fluss, steht Mr. Crocodile. Mr. Crocodile bestimmt, welche Farben den Fluss überqueren dürfen, und versucht dabei, Kinder zu fangen. Die Kinder rufen: „Please, Mr. Crocodile, may I cross the water?" Darauf antwortet Mr. Crocodile z. B.: „Red may cross." Nur Schüler, die etwas Rotes anhaben, versuchen, auf die andere Seite zu gelangen. Gefangene Kinder helfen in der nächsten Runde Mr. Crocodile.

Variationen:

a) Es können auch zwei Farben gleichzeitig genannt werden.

b) Bei einer kleinen Lerngruppe kann das gefangene Kind sofort den Mr. Crocodile ersetzen.

Hinweis:

Die Sporthalle oder der Schulhof sind für dieses Spiel besser geeignet, da die zurückzulegende Strecke länger ist. In der Sporthalle können Matten oder auch Springseile den Fluss markieren.

Beate Büngers / Kristin Rücker: Bewegtes Lernen! Englisch © Auer Verlag

5 Swap cards

Thema: Meeting people

Material: Fragekärtchen

Wortschatz: –

Redewendungen:
What's your name?
How old are you?
Where are you from?
What's your telephone number?
What's your favourite ...?
When is your birthday?
Where were you in your holidays?
Do you like ...?
What's the weather like?
What day is it today?
How are you?
What colour is/are ...?
Can you ...?
Can you give me a ...?
Do you have a ...?
What's your ... name?

Durchführung:

Jeder Schüler bekommt ein Fragekärtchen. Die Kinder laufen durch den Klassenraum und jedes Mal, wenn sie auf einen Mitschüler treffen, stellen sie ihre Frage. Der Mitschüler beantwortet die Frage und stellt dann seine. Danach werden die Kärtchen getauscht, sodass jeder eine neue Frage hat, mit der er nun herumgeht. So wird es nicht langweilig, immer die gleiche Frage zu stellen, und die Schüler haben die Möglichkeit, auch mehrmals die gleichen Kinder zu fragen.

Variation:

Falls Sie noch nicht genügend Strukturen eingeführt haben, können Sie die bekannten Strukturen auch mehrmals verteilen. Hierdurch verkürzt sich allerdings die Dauer des Spiels.

Hinweis:

Der Lehrer sollte zu Beginn sicherstellen, dass den Schülern alle Frage- sowie Antwortstrukturen geläufig sind und sie diese beherrschen.

Beate Büngers/Kristin Rücker: Bewegtes Lernen! Englisch © Auer Verlag

What's your name?	How old are you?	Where are you from?	What's your telephone number?
What's your favourite animal?	What's your favourite colour?	When is your birthday?	Where were you in your holidays?
Do you like …? (meeting friends, playing football, …)	Do you like …? (pizza, peanuts, tomatoes, …)	Do you like …? (vanilla/lemon ice cream, …)	What's the weather like?
What day is it today?	How are you?	What colour is your T-shirt?	What colour are your socks?
What colour are your shoes?	What colour are your trousers?	Can you…? (swim, play football, …)	Can you give me a …? (pen, glue stick, rubber, …)
Do you have a brother?	Do you have a sister?	What's your mother's name?	What's your father's name?

Beate Büngers/Kristin Rücker: Bewegtes Lernen! Englisch © Auer Verlag

Thema: Meeting people

Material: Vorstellungskarten, Musik

Wortschatz: –

Redewendungen: What's your name?
How old are you?
How are you?
☺ I'm fine.
☹ I'm not so well.
Where are you from?
Have you got a brother/sister?
What's your favourite colour?
What's your favourite pet?
What's your telephone number?

Durchführung:

Die Kinder stehen in einem Außen- und einem Innenkreis (Kugellager). Sie schauen sich jeweils an und halten eine der Vorstellungskarten in der Hand. Während die Musik läuft, bewegt sich der Innenkreis entgegengesetzt dem Außenkreis. Hierdurch mischen sich die Kinder. Stoppt die Musik, halten die Schüler an und stehen jeweils einem Partner gegenüber. Die Schüler bekommen nun zwei bis drei Minuten Zeit, sich gegenseitig Fragen zu stellen und diese zu beantworten. Als Leitfaden dienen ihnen hierzu die Vorstellungskarten. Wenn die ersten Schüler fertig sind, setzt die Musik wieder ein und bei erneutem Musikstopp haben sich neue Paare gemischt.

Variationen:

a) Lassen Sie die Schüler eigene Vorstellungskarten über sich oder ihre Traumfigur erstellen.

b) Die Schüler können sich auch frei im Raum bewegen und müssen beim Stoppen der Musik einen Partner finden.

Hinweis:

Bei ungerader Schüleranzahl entsteht eine Dreiergruppe oder der Lehrer spielt mit.

Die Redewendungen können an die Tafel oder auf die Rückseite der Vorstellungskarten geschrieben bzw. kopiert werden, sodass sie den Schülern präsent sind.

Beate Büngers / Kristin Rücker: Bewegtes Lernen! Englisch © Auer Verlag

Collin
8 years old

Miami (USA)
1 brother Nick
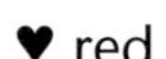
♥ red
♥ dog
 42695

Sandra
9 years old

Dublin (Ireland)
1 sister Anna
♥ blue
♥ fish
 69021

Sebastian
7 years old

London (Great Britain)
1 brother Sam, 1 sister Sue
♥ yellow
♥ cat
 1478

Susan
10 years old

Los Angeles (USA)
2 brothers Tom & Tim
♥ black
♥ hamster
 78510

Tiffany
8 years old

New York (USA)
1 brother Tom
♥ pink
♥ guinea pig
 99856

Diana
9 years old

Dover (Great Britain)
1 sister Cathy
♥ brown
♥ rat
 57213

Beate Büngers / Kristin Rücker: Bewegtes Lernen! Englisch © Auer Verlag

Thema: School things

Material: Utensilien der Schüler

Wortschatz: pen, pencil, scissors, ruler, sharpener, rubber, felt-tip, school bag, lunch box, water bottle, book, glue stick, pencil case, folder, exercise book, activity book

Redewendungen: Show me your …

Durchführung:

Die Schüler sitzen oder stehen an ihrem Platz und haben ihr Mäppchen offen vor sich liegen. Der Lehrer sagt z. B. „Show me your ruler." und die Kinder halten den jeweiligen Gegenstand sichtbar hoch.

Variationen:

a) Ein Schüler übernimmt die Rolle des Lehrers.

b) Es werden immer zwei Gegenstände genannt, die hochgehalten werden sollen.

c) Um die Bewegungsintensität zu erhöhen, kann man (wenn die Schüler sitzen) die Kinder auch auffordern, aufzustehen und dabei den Gegenstand zu zeigen. Auch andere Bewegungen (einmal hüpfen, in die Hocke gehen, auf einem Bein stehen, …) sind geeignet.

Hinweis:

Wird man in den Anweisungen immer schneller, fordert das die Kinder und macht ihnen unheimlich viel Spaß.

Beate Büngers / Kristin Rücker: Bewegtes Lernen! Englisch © Auer Verlag

Thema: School things

Material: Utensilien der Kinder, Musik

Wortschatz: pen, pencil, scissors, ruler, sharpener, rubber, felt-tip, school bag, lunch box, water bottle, book, glue stick, pencil case, folder, exercise book, activity book

Redewendungen: What have you got?
I've got a/an …

Durchführung:

Die Schüler sitzen im Kreis und jedes Kind hat einen Gegenstand aus seinem Mäppchen oder aus dem Schulranzen in der Hand. Zur Musik werden die Gegenstände in eine vorher festgelegte Richtung weitergegeben. Bei Musikstopp fragt der Lehrer einzelne Schüler: „What have you got?" Die Schüler antworten: „I've got a/an …".

Variationen:

a) Ein Schüler übernimmt die Rolle des Lehrers.

b) Die Schüler fragen jeweils ihre Sitznachbarn, was sie in der Hand halten. Hierdurch ist der Redeanteil höher.

Hinweis:

Achten Sie darauf, dass die Gegenstände gleichmäßig herumgegeben werden und sich kein Stau bildet. Hierbei kann ein Rhythmus helfen: z. B. mit dem Fuß stampfen oder ein Tamburin oder eine Triangel schlagen.

Beate Büngers/Kristin Rücker: Bewegtes Lernen! Englisch © Auer Verlag

9 Rubber artist

Thema: Body parts

Material: Radiergummi
Karten mit Anweisungen für Variation c)
andere Gegenstände (z. B. Bleistift oder Lineal) für Variation d)

Wortschatz: head, shoulder, arm, knee, leg, finger, hand, nose, ear, toe, foot, eye

Redewendungen: Put the rubber on your …

Durchführung:

Die Schüler stehen hinter ihrem Stuhl oder im Kreis. Jeder Schüler hält seinen Radiergummi in der Hand. Der Lehrer gibt die Anweisung „Put the rubber on your …" und die Kinder versuchen, den Radiergummi auf dem entsprechenden Körperteil zu balancieren, bis eine neue Anweisung gegeben wird.

Variationen:

a) Die Schüler übernehmen abwechselnd die Rolle des Lehrers.

b) Um die Redeaktivität zu erhöhen, kann das Spiel mit einem Partner oder in einer kleinen Gruppe gespielt werden. Dabei sollten sich die Schüler beim Ansagen der Anweisungen abwechseln.

c) Die Anweisungen können auf Karten stehen, die verdeckt vor den Kindern liegen und dann herumgedreht werden.

d) Man kann auch andere Gegenstände (z. B. Bleistift oder Lineal) nehmen. Allerdings muss man dann die Anweisung entsprechend abändern.

Hinweis:

Die Radiergummis sollten nicht zu groß sein.

Beate Büngers/Kristin Rücker: Bewegtes Lernen! Englisch © Auer Verlag

Thema: Body parts

Material: –

Wortschatz: head, shoulder, arm, knee, leg, finger, hand, nose, ear, toe, eye, foot/feet

Redewendungen: Simon says: Touch your …
Touch your …

Durchführung:

Die Schüler stehen im Kreis oder hinter ihren Stühlen. Der Lehrer gibt Anweisungen, welche Körperteile die Schüler berühren sollen. Allerdings dürfen die Anweisungen nur ausgeführt werden, wenn vorher „Simon says" gesagt wurde. Wird „Simon says" nicht gesagt und eine Bewegung trotzdem ausgeführt oder wird das falsche Körperteil benutzt, muss sich der Schüler setzen. Gewonnen hat, wer am Schluss noch steht.

Variation:

a) Die Schüler übernehmen abwechselnd die Rolle des Lehrers.

b) Als weitere Möglichkeit kann ein Pfand von den Kindern gegeben werden, das am Ende des Spieles den Besitzern zurückgegeben wird, wenn diese bestimmte Aktionen (auf der Stelle hüpfen, Kniebeugen machen, …) ausführen.

Hinweise:

Wenn nicht zu viele Kinder ausscheiden sollen, kann z. B. jeder Fünfte, der sich setzen muss, alle anderen wieder befreien.

Beate Büngers/Kristin Rücker: Bewegtes Lernen! Englisch © Auer Verlag

11 One, two, three, come to me!

Thema: Animals

Material: –/evtl. Wortkarten oder Bildkarten „animals" (siehe Übung 12), Filzstift

---

Wortschatz: dog, cat, mouse, guinea pig, hamster, rabbit, parrot, turtle, horse, cow, pig, sheep, hen, duck, goose, penguin, lion, elephant, monkey, bear, tiger, giraffe, kangaroo, crocodile

Redewendungen: One, two, three, come to me, as a …

Durchführung:

Alle sitzen im Stuhlkreis, ein Platz bleibt leer. Das Kind, dessen rechter Platz leer ist, klopft auf den freien Stuhl und sagt z. B.: „One, two, three, Julia, come to me, as a cat." Das genannte Kind muss nun die Bewegungen des gewünschten Tieres ausführen und zu dem freien Stuhl krabbeln/hüpfen/fliegen. Danach ist das Kind an der Reihe, dessen rechter Platz frei geworden ist.

Variation:

Je nach Gruppengröße bietet es sich an, eventuell zwei oder drei kleinere Stuhlkreise zu stellen.

Hinweise:

Legen Sie vorher fest, dass jeder nur einmal an die Reihe kommen darf. Wer schon an der Reihe war, verschränkt die Arme vor der Brust.

Um den Schülern eine Hilfe bei der Auswahl ihres Tieres zu geben, können Bild- oder Wortkarten der Tiere auf dem Boden in der Kreismitte liegen.

Damit jeder Schüler weiß, wo rechts oder links ist, kann auf die rechte Hand ein Punkt mit Filzstift gemalt werden.

Beate Büngers/Kristin Rücker: Bewegtes Lernen! Englisch © Auer Verlag

Thema: Animals

Material: Bildkarten „animals“
Fliegenklatschen für Variation a)
Papier für Variation b)

Wortschatz: dog, cat, mouse, guinea pig, hamster, rabbit, parrot, turtle, horse, cow, pig, sheep, hen, duck, goose, penguin, lion, elephant, monkey, bear, tiger, giraffe, kangaroo, crocodile

Redewendungen: –

Durchführung:

Es wird in Gruppen von drei bis fünf Kindern gespielt. In der Mitte des Tisches liegen Bildkarten aus, auf denen jeweils ein Tier abgebildet ist. Einer der Mitspieler nennt ein Tier, auf das die anderen Kinder so schnell wie möglich mit einer Hand klatschen sollen. Wenn ein Tier richtig geklatscht wurde, kann das Kind die Karte nehmen. Nun ist das nächste Kind an der Reihe, einen Begriff zu nennen. Sieger ist, wer die meisten Karten hat.

Variationen:

a) Um den Spaß zu erhöhen, bekommen die Mitspieler Fliegenklatschen.

b) Anstelle von Fliegenklatschen kann man auch aus einem Papier einen Fächer (wie eine Ziehharmonika falten) falten lassen, mit dem die Kinder auf die Karten schlagen.

c) Nach jedem Klatschen bleiben die Karten liegen und es gibt keinen Sieger.

d) Wer zuerst auf die richtige Karte geklatscht hat, bekommt einen Punkt.

Hinweis:

Je mehr Karten in der Mitte liegen, desto schwieriger wird das Spiel.

Beate Büngers / Kristin Rücker: Bewegtes Lernen! Englisch © Auer Verlag

Beate Büngers / Kristin Rücker: Bewegtes Lernen! Englisch © Auer Verlag

Thema: Animals

Material: –
Musik bei Variation c)

Wortschatz: dog, cat, mouse, guinea pig, hamster, rabbit, parrot, turtle, horse, cow, pig, sheep, hen, duck, goose, penguin, lion, elephant, monkey, bear, tiger, giraffe, kangaroo, crocodile

Redewendungen: You are a/an …

Durchführung:

Der Lehrer gibt den Schülern die Anweisung, sich wie ein Tier zu bewegen: „You are a/an …" Die Schüler dürfen auch die passenden Geräusche des jeweiligen Tieres machen und sich kreuz und quer durch den Klassenraum bewegen.

Variationen:

a) Die Schüler geben abwechselnd die Anweisung, welches Tier nachgemacht wird.

b) Der Lehrer erzählt in kleinen Sätzen, was die verschiedenen Tiere machen:
„The monkey is under the chair eating a banana."
„The crocodile is swimming in the water."
Die Schüler führen die Anweisungen aus.

c) Dieses Spiel kann auch mit Musik gespielt werden, indem die Anweisung bei Musikstopp gegeben wird. Die Schüler bewegen sich dann bis zum Einsetzen der Musik wie das genannte Tier.

Hinweise:

Je schneller die Tiere hintereinander gesagt werden, desto schwieriger wird es.

Geben die Schüler die Anweisungen, ist es sinnvoll, dass Wort- oder Bildkarten (siehe Übung 12) der Tiere an der Tafel hängen, damit den Schülern die Entscheidung für ein Tier leichterfällt.

Beate Büngers / Kristin Rücker: Bewegtes Lernen! Englisch © Auer Verlag

Thema: Animals

Material: Bildkarten „animals“ (siehe Übung 12) und entsprechende Wortkarten

Wortschatz: dog, cat, mouse, guinea pig, hamster, rabbit, parrot, turtle, horse, cow, pig, sheep, hen, duck, goose, penguin, lion, elephant, monkey, bear, tiger, giraffe, kangaroo

Redewendungen: Have you got a/an …?
Yes, I have./No, I haven't.

Durchführung:

Jeder Schüler erhält entweder eine Bild- oder Wortkarte und bewegt sich frei im Klassenraum. Die Karte wird verdeckt gehalten, sodass die Mitschüler sie nicht sehen können. Treffen zwei Schüler aufeinander, fragen sie sich gegenseitig: „Have you got a/an …?“ und antworten mit der jeweils passenden Struktur „Yes, I have.“ oder „No, I haven't.“ Haben sich die Pärchen gefunden, setzen sie sich auf den Platz, bis sich alle Paare gefunden haben.

Variationen:

a) Jeder Schüler bekommt zwei Karten.

b) Damit es den Schülern, die sich bereits als Paare gefunden haben, nicht langweilig wird, führen sie passend zu ihrem Tier Bewegungen aus.

Hinweise:

Bei ungerader Schülerzahl spielt der Lehrer mit oder ein Schüler bekommt eine Karte mehr.

Die Bild- und die Wortkarten sollten eine unterschiedliche Größe haben oder sich farblich unterscheiden, sodass gewährleistet ist, dass ein Kind mit einer Bildkarte nur die Kinder mit den Wortkarten und umgekehrt befragt.

Beate Bungers / Kristin Rucker: Bewegtes Lernen! Englisch © Auer Verlag

Thema: Family

Material: 3 Pylonen oder ein Mal, um das gelaufen werden kann
Langbank für Variation

Wortschatz: father, mother, brother, sister, baby, dog

Redewendungen: –

Durchführung:

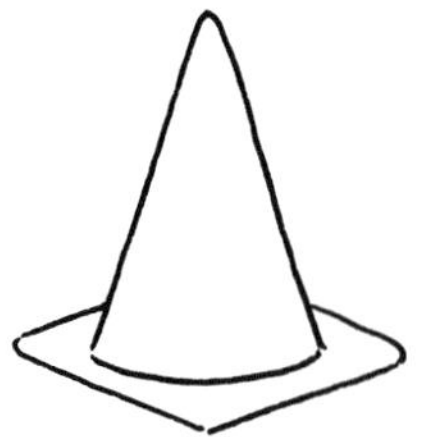

Die Schüler werden je nach Gruppengröße in zwei bis vier gleichstarke Mannschaften eingeteilt. Pro Gruppe sollte jedes Familienmitglied (*father, mother, brother, sister, baby*) einmal vorkommen. Sind noch Schüler übrig, werden sie zu weiteren Familienmitgliedern, nämlich dem Hund bzw. den Hunden.
Jede Familie sitzt hintereinander auf dem Boden aufgereiht. Der Lehrer beginnt, eine Geschichte zu erzählen. Kommt ein Familienmitglied in der Geschichte vor, muss der Genannte einmal um das Hütchen herumlaufen und sich wieder setzen. Dann geht die Geschichte weiter. Wird das Wort *family* genannt, müssen alle zusammen um das Hütchen laufen.

Beispiel für eine Geschichte:
It is early in the morning and *mother* is in the kitchen. The *dog* is in the garden and *father* is at work. *Brother* and *sister* are in school. *Mother* and *baby* go for a walk. It is lunchtime. *Sister* comes home and helps *mother* in the kitchen. *Father* comes home and reads the newspaper. *Baby* cries and *brother* feeds the *dog*. The *family* is hungry ...

Variation:

Dieses Spiel ist besonders geeignet für den Schulhof oder die Turnhalle.
In der Turnhalle können die Schüler auf Langbänken sitzen.

Hinweise:

Damit die Schüler nicht vergessen, welches Familienmitglied sie sind, kann jeder eine Karte mit dem Namen des Familienmitgliedes bekommen.

Bei ungerader Schülerzahl hat eine Familie zwei Hunde oder auch drei.

Anstelle von Hunden können auch andere Haustiere (*cat, hamster, guinea pig* etc.) oder Oma und Opa genommen werden.

Beate Büngers/Kristin Bücker: Bewegtes Lernen! Englisch © Auer Verlag

Thema: Family

Material: Bildkarten „family", für jeden Schüler 1

Wortschatz: father, mother, brother, sister, baby

Redewendungen: right
left
change

Durchführung:

Die Kinder sitzen im Stuhlkreis, ein Kind steht in der Mitte. Es ist kein Stuhl mehr frei. Jedes Kind hat eine Bildkarte zum Thema *family* in der Hand. Das Kind in der Mitte hat die Möglichkeit, „*right*", „*left*" oder „*change*" zu rufen. Zeigt es nun auf ein Kind im Stuhlkreis und ruft „*right*", muss das aufgeforderte Kind das Familienmitglied seines rechten Nachbarn auf Englisch benennen. Wird auf ein Kind gezeigt und „*left*" gesagt, muss das Familienmitglied des linken Nachbarn genannt werden. Wird „*change*" gerufen, müssen alle Kinder die Plätze tauschen und der Schüler in der Mitte versucht, einen freien Platz zu bekommen. Der Schüler, der keinen Platz bekommen hat, gibt die nächste Anweisung.

Variation:

Dieses Spiel kann auch in kleinen Gruppen gespielt werden – hierzu sitzen die Schüler im Kreis oder an ihren Tischen.

Hinweise:

Damit die Schüler sich besser merken können, wo rechts und links ist, malen sich alle einen Punkt auf die rechte Hand.

Anstatt auf Kinder zu zeigen, können die Kinder, die im Stuhlkreis sitzen, auch mit ihrem Namen benannt werden.

Beate Bungers/Kristin Rücker: Bewegtes Lernen! Englisch © Auer Verlag

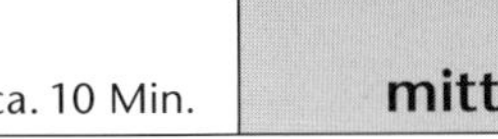

Beate Büngers / Kristin Rücker: Bewegtes Lernen! Englisch © Auer Verlag

Thema: Feelings

Material: Papier für „Himmel und Hölle" (*fortune teller*)

Wortschatz: happy, angry, tired, bored, sad, scared, not so well, ok

Redewendungen: How are you?
I'm …

Durchführung:

Vor Beginn des Spiels müssen die Schüler die Vorlage nach dem Spiel „Himmel-und-Hölle" falten. Dann werden in die mittleren acht Felder die Gefühle eingetragen und außen auf die umgeklappten Seiten Farben gemalt. Immer zwei Kinder spielen gemeinsam. Ein Schüler nennt eine Zahl auf Englisch und so oft wird der *fortune teller* geöffnet und geschlossen. Nun wird eine Farbe auf Englisch genannt und diese wird aufgeklappt. Das darunterliegende Gefühl muss gelesen und als Pantomime vorgemacht werden.

Variationen:

Anstatt der Farben können auch das Abc oder Zahlen auf die aufzuklappenden Teile geschrieben werden.

Hinweise:

Die Vorbereitungszeit des *fortune tellers* beträgt ca. 15 Minuten.

Die englischen Namen der Gefühle sollten an der Tafel stehen, damit die Kinder sie fehlerfrei in die Felder des *fortune tellers* abschreiben können.

Beate Büngers/Kristin Rücker: Bewegtes Lernen! Englisch © Auer Verlag

Thema: Feelings

Material: –

Wortschatz: happy

Redewendungen: If you're happy and you know it, clap your hands.
If you're happy and you know it
and you really want to show it,
if you're happy and you know it, clap your hands.
... slap your legs ...
... stamp your feet ...
... click your fingers ...
... turn around ...
... nod your head ...
... tap your toe ...
... shout "hello"...
... say "we are"...
...

Durchführung:

Das bekannte Lied „If you're happy and you know it" (Text siehe oben) wird gemeinsam gesungen. Eine Auswahl der möglichen Strophen ist ebenfalls oben aufgelistet, der Fantasie sind aber keine Grenzen gesetzt.

Variation:

Fünf Strophen singen und als sechste Strophe: „If you're happy and you know it, do all five." In der Gesangspause dann alle fünf Bewegungen hintereinander machen.

Hinweise:

Es bietet sich an, nach und nach immer eine Strophe mehr dazuzunehmen. Die Kinder können selbst überlegen, welche Bewegungen sie machen möchten. Das Bewegungslied bietet sich auch zum Vorführen an.

Beate Büngers / Kristin Rücker: Bewegtes Lernen! Englisch © Auer Verlag

19 Clothes pantomime

Thema:	Clothes
Material:	evtl. Bildkarten „clothes“
Wortschatz:	pullover, T-shirt, socks, jeans, trousers, shoes, jacket, hat, gloves, scarf, skirt, dress
Redewendungen:	Put on your shoes/jacket … Take off your …

Durchführung:

Die Schüler stehen hinter ihrem Stuhl. Der Lehrer gibt die englische Anweisung, was angezogen werden soll. Hierzu benutzt er die Redewendungen mit bekannten Wörtern aus dem Wortfeld *clothes*. Die Schüler führen die passenden Bewegungen als Pantomime aus.

Variationen:

a) In Kleingruppen können einzelne Schüler die Lehrerrolle übernehmen.

b) Ein Schüler macht eine Pantomime vor und die anderen müssen erraten, was er anzieht.

c) Alle Teile, die angezogen wurden, können auch wieder ausgezogen werden.

Hinweise:

Damit die Kinder, die die Lehrerrolle übernehmen und die Anweisung geben oder die Pantomime vormachen, nicht zu lange überlegen, was angezogen oder ausgezogen werden soll, bekommen diese die Bildkarten zum Orientieren.

Beate Bungers/Kristin Rucker: Bewegtes Lernen! Englisch © Auer Verlag

Beate Büngers / Kristin Rücker: Bewegtes Lernen! Englisch © Auer Verlag

20 Clothes line

Thema: Clothes

Material: Leine, Wäschestücke, Klammern, Wäschekorb (Karton) – jedes Wäscheteil sowie der Wäschekorb müssen 2× vorhanden sein
Puppenkleidung für Variation a)
Tafel mit angemalter Leine und Bildkarten „clothes" (siehe Übung 19) in zweifacher Ausführung für Variation b)

Wortschatz: pullover, T-shirt, socks, jeans, trousers, shoes, jacket, hat, gloves, scarf, skirt, dress

Redewendungen: Hang the … on the clothes line.
Take down the …

Durchführung:

Es werden zwei Mannschaften gebildet. Die Schüler jeder Mannschaft stehen hinter einer Startlinie neben ihrem Wäschekorb. Auf das Kommando „Hang the … on the clothes line." suchen die ersten beiden jeder Mannschaft das passende Stück aus dem Wäschekorb, rennen zur Wäscheleine und hängen es auf. Die Mannschaft, die schneller war, erhält einen Punkt. Nun sind die nächsten beiden Kinder dran.

Variationen:

a) Anstatt der echten Kleidungsstücke kann man auch Puppenkleidung verwenden.

b) Das Spiel kann auch mit Bildkarten an der Tafel gespielt werden.

c) Dieses Spiel kann man auch gut auf dem Schulhof oder in der Turnhalle spielen, indem eine Wäscheleine zwischen zwei Ständer, Bäume o. Ä. gespannt wird.

d) Hängen alle Wäschestücke an der Wäscheleine, können die Teams aufgefordert werden, die Teile wieder abzuhängen: „Take down the …"

Hinweis:

Wichtig ist, dass für jedes Team die gleichen Kleidungsstücke vorhanden sind.

Beate Büngers/Kristin Rücker: Bewegtes Lernen! Englisch © Auer Verlag

Thema: Activities – Hobbies

Material: –
Bild- oder Wortkarten „activities“ für Variation

Wortschatz: cycling, riding a bike, reading, inline skating, meeting friends, playing football/basketball/tennis/table tennis, swimming, cooking, listening to music

Redewendungen: Is it playing tennis …?
Yes, it is./No it isn't.

Durchführung:

In Partnergruppen oder Gruppen mit mehreren Schülern stehen sich die Kinder gegenüber. Ein Schüler zeigt pantomimisch ein Hobby oder eine Aktivität. Der Partner bzw. ein Mitspieler fragt nun: „Is it playing tennis?“ Geantwortet wird: „Yes, it is.“ oder „No, it isn't.“ Ist die Pantomime erraten, darf der Partner bzw. der nächste Mitspieler etwas vormachen.

Variationen:

Es ist auch möglich, dass die Partner bzw. die Gruppen verdeckt Bild- oder Wortkarten mit den Aktivitäten/Hobbies vor sich liegen haben. Derjenige, der an der Reihe ist, nimmt die oberste Karte und macht die Pantomime.

Hinweis:

Damit die Kinder eine Übersicht über die möglichen Hobbys haben, können sie sich an den Bildkarten im Raum oder an der Tafel orientieren.

Beate Büngers/Kristin Rücker: Bewegtes Lernen! Englisch © Auer Verlag

22 Remember my hobbies

ca. 15 Min. **hoch**

Thema:	Activities – Hobbies
Material:	–/evtl. Bild- oder Wortkarten
Wortschatz:	cycling, riding a bike, reading, inline skating, meeting friends, playing football/basketball/tennis/table tennis, swimming, cooking, listening to music,
Redewendungen:	I like playing table tennis … He/she likes playing table tennis …

Durchführung:

Die Schüler stehen im Kreis. Das Spiel funktioniert nach dem Prinzip von „Ich packe meinen Koffer“. Der erste Schüler sagt, was er gerne macht: „I like cycling.“ und alle Kinder machen die passende Bewegung dazu. Der nächste Mitspieler wiederholt die vorangegangene Aussage „He/she likes cycling and I like …“ und alle Kinder machen wieder die Bewegungen, die genannt worden sind, gemeinsam.

Variationen:

Dieses Spiel kann auch in kleinen Gruppen gespielt werden, dann ist der Redeanteil höher.

Hinweise:

Bei großen Klassen empfiehlt es sich, zwei oder mehrere Gruppen zu bilden. Damit es den Schülern leichter fällt, ein Hobby zu nennen, sollte der Wortschatz entweder als Bild- oder Wortkarten an der Tafel für alle sichtbar sein.

Beate Bungers/Kristin Rücker: Bewegtes Lernen: Englisch © Auer Verlag

Thema: House – Rooms

Material: Musik
Wortkarten „rooms“, für jeden Schüler 1

Wortschatz: living room, kitchen, bathroom, hall, attic, children's room, bedroom, cellar, dining room

Redewendungen: You're washing your hands in the …
You're cooking your meal in the …
You're taking a shower in the …
You're watching TV in the …
You're sleeping in the …
You're playing in the …
You're taking off your shoes in the …
…

Durchführung:

Die Musik läuft, jeder Schüler hat eine Wortkarte mit einem Raum in der Hand und alle bewegen sich im Klassenzimmer. Der Lehrer nennt bei Musikstopp verschiedene Sätze. Wird einer Tätigkeit der richtige Raum zugeordnet, müssen die entsprechenden Kinder die richtigen Raumbezeichnungen hochhalten, z. B.: „You're washing your hands in the bathroom.“ Wird allerdings ein falscher Raum zugeordnet, darf keine Wortkarte hochgehalten werden, z. B.: „You're watching TV in the cellar.“

Variationen:

a) Wird ein falscher Satz gesagt, müssen die Schüler den richtigen Raum zuordnen und die passende Wortkarte hochhalten.

b) Jedes Kind hat alle Wortkarten mit den Räumen in der Hand und muss bei jeder Anweisung die entsprechende Wortkarte hochhalten.

Hinweise:

Mehrere Kinder können die gleichen Räume haben, so können sich die schwächeren an den stärkeren Schülern orientieren.

Erschwert wird das Spiel, wenn anstelle der Wortkarten Bildkarten (siehe Übung 24) benutzt werden.

Beate Büngers / Kristin Bücker: Bewegter Lernen! Englisch © Auer Verlag

24 Yes or no

ca. 10 Min. | hoch

Thema: House – Rooms

Material: Bildkarten „rooms“
Musik für Variation b) und c)

Wortschatz: living room, kitchen, bathroom, hall, attic, children's room, bedroom, cellar, dining room

Redewendungen: This is the …
Yes, it is./No, it isn't.

Durchführung:

Die Schüler stehen im Raum verteilt, so dass sie den Lehrer gut sehen können. Der Lehrer hält z. B. die Bildkarte „bathroom“ sichtbar hoch und sagt: „This is the bathroom.“ Da die Bezeichnung stimmt, müssen die Kinder die Arme hochnehmen und sich auf die Zehenspitzen stellen und dazu sagen: „Yes, it is.“ Wird zum gezeigten Bild ein falsches Wort genannt, gehen die Schüler in die Hocke und sagen: „No, it isn't.“

Variationen:

a) Wird eine Bildkarte falsch benannt, müssen die Schüler zusätzlich den richtigen Raum nennen: „No, it isn't. It's the cellar.“

b) Dieses Spiel kann auch mit Musik gespielt werden. Bei Musikstopp hält der Lehrer eine Karte hoch. Dies kann auch abwechselnd von den Schülern übernommen werden.

c) Wird dieses Spiel mit Musik durchgeführt, können nach jedem Musikstopp die Bewegungen variiert werden (z. B. hüpfen, auf Zehenspitzen gehen, in der Hocke herumgehen etc.).

Beate Bürgers/Kristin Rücker: Bewegtes Lernen: Englisch © Auer Verlag

Beate Büngers / Kristin Rücker: Bewegtes Lernen! Englisch © Auer Verlag

25 Do you like?

Thema: Fruits and vegetables

Material: Bildkarten „fruits/vegetables“

Wortschatz: *Fruits:* bananas, apples, oranges, lemons, pears, pineapples, strawberries, grapes, peaches, plums, melons, cherries
Vegetables: beans, carrots, peas, potatoes, cucumbers, spinach, lettuce, mushrooms, red/green pepper, onions, tomatoes, corn

Redewendungen: Do you like …?
Yes, I do.
No, I don't.

Durchführung:

Jeder Schüler bekommt vier Bildkarten mit unterschiedlichen Obst- oder Gemüsesorten darauf. Diese hält er so, dass die anderen die Karten nicht sehen können. Alle Schüler laufen mit ihren Karten in der Klasse herum. Wenn zwei Schüler aufeinandertreffen, fragen sie sich gegenseitig: „Do you like …?“ Hat der befragte Schüler die passende Karte in der Hand, so zeigt er sie und antwortet: „Yes, I do.“ Hat er die erfragte Karte nicht in der Hand, so antwortet er: „No, I don't.“

Variationen:

a) Dieses Spiel kann auch mit je einer, zwei oder drei Obst- oder Gemüsekarten pro Schüler gespielt werden.

b) Es besteht die Möglichkeit, dieses Spiel in kleinen Gruppen, z. B. an den Tischen, spielen zu lassen. So ist der Redeanteil wesentlich höher.

c) Das Spiel kann auch mit Bewegungsmustern kombiniert werden. Während des Spieles können die Bewegungsmuster variiert werden, z. B. indem der Lehrer dreimal klatscht und dann ein neues Bewegungsmuster (z. B. langsam gehen, hüpfen etc.) ansagt.

Beate Bungers/Kristin Rucker: Bewegtes Lernen: Englisch © Auer Verlag

Beate Büngers / Kristin Bücker: Bewegter Lernen! Englisch © Auer Verlag

Thema: Fruits and vegetables

Material: –

Wortschatz: beans, carrots, peas, potatoes, cucumbers, spinach, lettuce, mushrooms, red/green pepper, onions, tomatoes

Redewendungen: What would you like on your pizza?
I'd like some … on my pizza.

Durchführung:

Die Schüler arbeiten mit einem Partner zusammen. Einer ist die Pizza, der andere der Pizzabäcker. Der Pizzabäcker fragt: „What would you like on your pizza?“ Antwortet der Partner „I'd like some onions.“, drückt der Pizzabäcker symbolisch *onions* auf den Rücken des Partners. Es wird immer im Wechsel gefragt. Die Partner sitzen nebeneinander auf einem Stuhl.

Variationen:

a) Mit einem Partner wird eine Suppe gekocht. Beide Kinder rühren symbolisch eine Suppe und befragen sich gegenseitig: „What would you like in your soup?“

b) Das Spiel kann auch in kleinen Gruppen gespielt werden, indem alle gemeinsam eine Suppe kochen, symbolisch die Suppe rühren, sich gegenseitig befragen und dann pantomimisch die Zutat in die Suppe geben. Damit ist der Sprechanteil höher.

Hinweis:

Die Massage (Belegen der Pizza auf dem Rücken des Partners) sollte als angenehm empfunden werden und nicht zu fest durchgeführt werden.

Beate Büngers/Kristin Rücker: Bewegtes Lernen! Englisch © Auer Verlag

Thema: Food and drinks

Material: Bild- oder Wortkarten „food and drinks“
Bild- oder Wortkarten „fruits and vegetables“ für Variation c)
Musik für Variation d) und e)

Wortschatz: *Food:* bread, cheese, sausage, ham, chicken, turkey, hamburger, pizza, spaghetti, sandwich, ice-cream, pudding
Drinks: mineral water, lemonade, coke, milk, tea, orange juice

Redewendungen: I'd like some …
Here you are.
Thank you.
You're welcome.

Durchführung:

Die Schüler stehen hinter ihren Stühlen oder in einem Kreis. Der Lehrer ist die Lokomotive. Jeder Schüler hat eine Karte (Wort- oder Bildkarte) in der Hand, sodass der Lehrer diese sieht. Während der Lehrer in der Klasse herumgeht, nennt er, was sich anhängen soll, indem er sagt: „I'd like some …“. Das Kind, das die entsprechende Karte in der Hand hält, antwortet: „Here you are.“ Dann hängt es sich an die Lok an, der Lehrer sagt: „Thank you.“ Das Kind wiederum erwidert: „You're welcome“. Es fährt nun mit der Lok zusammen herum, bis der Lehrer als Nächstes sagt, was sich an den Zug anhängen soll.

Variationen:

a) Ein Schüler ist die Lok und übernimmt die Rolle der Lehrkraft.

b) Das Kind, das sich an die Lok angehängt hat, muss sagen, was als Nächstes angehängt werden soll, indem es sagt: „I'd like some …“. Hat sich das entsprechende Kind angehängt, sagt das Kind, das vorher die Anweisung gegeben hat: „You're welcome.

c) Das Spiel kann auch mit Bild- oder Wortkarten aus dem Bereich *fruits and vegetables* gespielt werden.

d) Es kann Musik im Hintergrund abgespielt werden.

e) Damit die Bewegungsintensität höher ist, stehen die Schüler nicht im Kreis oder hinter den Stühlen, sondern bewegen sich im Klassenraum. Das geht am besten mit entsprechender Hintergrundmusik.

Beate Büngers / Kristin Rücker: Bewegtes Lernen! Englisch © Auer Verlag

Beate Büngers/Kristin Rücker: Bewegtes Lernen! Englisch © Auer Verlag

28 Words in the corner

ca. 10 Min. **gering**

Thema: Food and drinks

Material: Bildkarten „*food* and *drinks*“(siehe Übung 27)

Wortschatz: *Food:* bread, cheese, sausages, ham, chicken, turkey, hamburger, pizza, spaghetti, sandwich, ice-cream, pudding
Drinks: mineral water, lemonade, coke, milk, tea, orange juice

Redewendungen: –

Durchführung:

In jeder Ecke steht ein Schüler. Der Lehrer zeigt auf eine Bildkarte, die an der Tafel hängt, oder er hält eine Bildkarte hoch. Das Kind, das zuerst den Begriff auf Englisch nennt, darf eine Ecke weiter gehen. Gewonnen hat, wer als Erstes wieder in seiner Ecke angekommen ist.

Variationen:

a) Die Schüler übernehmen abwechselnd die Rolle des Lehrers.

b) Das Spiel kann als Gruppenwettbewerb veranstaltet werden, indem immer ein Kind von jeder Tischgruppe in eine Ecke geht. Gewonnen hat die Tischgruppe, bei der die meisten Kinder als Erstes wieder in ihrer Ecke angekommen sind.

c) Im Klassenraum können mehr als vier Ecken, z. B. an Regalen, Tischen etc. festgelegt werden, sodass mehr als vier Kinder gleichzeitig spielen können.

Hinweis:

Damit möglichst viele oder auch alle Kinder mitspielen können, sollten mehrere Durchgänge gemacht werden.

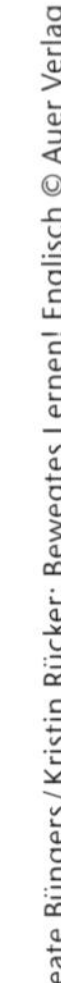
Beate Büngers / Kristin Rücker: Bewegtes Lernen! Englisch © Auer Verlag

Thema: Seasons, months and days

Material: 4 Wort- oder Bildkarten mit den Jahreszeiten Frühling, Sommer, Herbst, Winter

---

Wortschatz: January, February, March, April, June, July, August, September, October, November, December
spring, summer, autum, winter

Redewendungen: … is in …

Durchführung:

Die vier Jahreszeiten liegen in den vier Ecken der Klasse. Alle Kinder stehen z. B. vor der Tafel. Der Lehrer nennt einen Monatsnamen z. B. „March is in …“. Nun müssen alle Kinder zu der Jahreszeit, die zu dem Monatsnamen passt, rennen.

Variationen:

a) Sind die Kinder in die genannte Ecke gerannt, zeigen sie pantomimisch, welche Wetterart zu der Jahreszeit passt.

b) Der Schüler, der als Erster/als Letzter in der richtigen Jahreszeitenecke ankommt, nennt den nächsten Monat.

c) Eine bestimmte Fortbewegungsart kann festgelegt werden, mit der die Schüler zu der Ecke gelangen sollen, z. B. hüpfen, kriechen etc.

d) Kann man im Klassenraum 12 Ecken einrichten, so kann man dieses Spiel auch mit den Uhrzeiten (one o'clock, two o'clock, …) spielen, indem in jeder Ecke eine Uhrzeit ausliegt.

e) Dieses Spiel kann auch gut auf dem Schulhof oder in der Turnhalle gespielt werden. Da dann die Wege bis in die Ecken länger sind, ist auch die Bewegungsintensität höher.

Hinweis:

Den Kindern muss klar sein, welche Monate in welche Jahreszeit passen. An der Tafel können unter den Jahreszeiten die entsprechenden Monate stehen.

Beate Büngers/Kristin Rücker: Bewegtes Lernen! Englisch © Auer Verlag

Thema: Seasons, months and days

Material: –

Wortschatz: January, February, March, April, May, June, July, August, September, October, November, December
spring, summer, autumn, winter

Redewendungen: Apples, peaches, pears and plums,
tell me when your birthday comes …
My birthday is in …

Durchführung:

Die Schüler stehen im Kreis. Der Lehrer sagt folgenden Reim auf:

"Apples, peaches, pears and plums,

tell me when your birthday comes."

Nach jedem Wort des Spruches hüpfen alle einmal auf der Stelle und bei jedem Wort zeigt der Lehrer der Reihe nach immer auf ein anderes Kind. Ist der Reim zu Ende, sagt das Kind, das an der Reihe ist: „My birthday is in May." Nun werden die Monatsnamen gemeinsam bis *May* aufgesagt und wieder jeweils ein Kind pro Monat abgezählt. Das Kind, auf das *May* trifft, muss sich setzen und ist beim Abzählen nicht mehr dabei.

Variationen:

a) Der Schüler, der seinen Geburtsmonat genannt hat, sagt als Nächster den Reim auf und zeigt mit dem Finger von Kind zu Kind.

b) Das Spiel kann auch so gespielt werden, dass die Schüler die Jahreszeit nennen, in der sie Geburtstag haben.

c) Anstatt nach jedem Wort zu hüpfen, kann auch in die Hände geklatscht werden oder mit einem Fuß gestampft werden.

d) Das Spiel kann auch fortlaufend gespielt werden, ohne dass Kinder ausscheiden.

Hinweis:

Alle Kinder sollen mitsprechen, auch die, die schon ausgeschieden sind!

Beate Büngers / Kristin Rücker: Bewegtes Lernen! Englisch © Auer Verlag

Thema: Seasons, months and days

Material: –

Wortschatz: Monday, Tuesday, Wednesday, Thursday, Friday, Saturday, Sunday

Redewendungen: …, you are …

Durchführung:

Die Schüler sitzen im Kreis. Der Lehrer nennt den Namen eines Kindes und sagt zu dem Kind: „Jamie, you are Wednesday." Das Kind hebt beide Arme nach oben. Das neben ihm sitzende rechte Kind hebt seinen linken Arm nach oben und sagt den darauffolgenden Tag, nämlich *Thursday*. Das neben Jamie auf der linken Seite sitzende Kind hebt seinen rechten Arm nach oben und sagt den vorangegangenen Tag, hier *Tuesday*. Nun ist Jamie an der Reihe. Er nennt ein Kind und sagt: „…, you are …"

Variation:

Das Spiel wird in mehreren kleinen Gruppen, z. B. in den Tischgruppen, gespielt. Dann ist der Redeanteil der einzelnen Kinder höher.

Hinweise:

Dieses Spiel kann man auch mit den Monaten und den Jahreszeiten spielen.

Beate Büngers/Kristin Rücker: Bewegtes Lernen! Englisch © Auer Verlag

Thema: Seasons, months and days

Material: –
Karten mit Sätzen der Bewegungsgeschichte für Variation c)

Wortschatz: spring, summer, autumn, winter

Redewendungen: –

Durchführung:

Der Lehrer erzählt den Schülern die folgende Bewegungsgeschichte auf Englisch und die Schüler führen pantomimisch die entsprechenden Bewegungen aus. Der Lehrer macht die Bewegungen gleichzeitig mit den Schülern.
The birds are singing. *(Die Kinder machen Flugbewegungen.)*
The grass is getting green. *(Die Arme vom Fußboden aus nach oben bewegen.)*
Let's ride the bike. *(Auf der Stelle Fahrrad fahren.)*
The flowers start to grow. *(Mit den Händen große Blüten wachsen lassen.)*
It's spring!
It's very warm. *(Mit der Hand über die Stirn fahren.)*
The sun is shining. *(Mit den Händen eine große Sonne beschreiben.)*
Let's go to the beach. *(Auf der Stelle gehen.)*
We go swimming. *(Mit den Armen Schwimmbewegungen machen.)*
It's summer!
It's windy. *(Mit dem Mund die Luft auspusten.)*
The leaves are falling. *(Die Hände von oben nach unten bewegen.)*
Let's take the kite. *(Pantomimisch eine Drachenschnur festhalten.)*
It's autumn.
It's very cold. *(Die Hände am Körper reiben und so zeigen, dass man friert.)*
Snow is falling. *(Die Hände wie fallende Schneeflocken bewegen.)*
Let's make a snowman. *(Mit den Händen einen Schneemann bauen.)*
It's Christmas, it's winter!

Variationen:

a) Der Lehrer macht die Bewegungen nicht vor, sondern nur die Schüler führen die Bewegungen aus.
b) Der Lehrer spricht, ohne die Bewegungen zu zeigen, die Sätze durcheinander und die Schüler machen die entsprechenden Bewegungen dazu.
c) Die Sätze der Bewegungsgeschichte stehen auf Karten, die abwechselnd von Schülern vorgelesen werden, und die anderen führen die entsprechenden Bewegungen aus.

Beate Büngers / Kristin Rücker: Bewegtes Lernen! Englisch © Auer Verlag

Thema: Weather

Material: Bildkarten „weather", eine leere Flasche

Wortschatz: warm, sunny, stormy, foggy, cloudy, windy, snowy, rainy, cold, hot

Redewendungen: What's the weather like?
It's warm.
It's sunny.
It's stormy.
It's foggy.
It's cloudy.
It's windy.
It's snowy.
It's rainy.
It's cold.
It's hot.

Durchführung:

Die Schüler sitzen im Kreis. In der Mitte, um eine Flasche herum, liegen die Bildkarten, auf denen zu sehen ist, wie das Wetter sein kann. Der Lehrer dreht die Flasche, der Flaschenhals zeigt auf eine Karte und er fragt: „What's the weather like?" Die Schüler müssen nun alle gemeinsam darstellen, wie das Wetter ist und dabei sagen: „It's warm." o. Ä.

Variationen:

a) Das Kind, das geantwortet hat, darf die Flasche als Nächstes drehen.

b) Der Lehrer dreht die Flasche und benennt beim Drehen den Namen eines Kindes. Er fragt z. B.: „Ella, what's the weather like?" Das Kind muss dann das Wetter darstellen oder auch sagen: „It's …"

Hinweis:

Die Schüler können abwechselnd die Rolle des Lehrers übernehmen – dann sind die Aktivitäten höher.

Beate Büngers/Kristin Rücker: Bewegtes Lernen! Englisch © Auer Verlag

Beate Büngers / Kristin Rücker: Bewegtes Lernen! Englisch © Auer Verlag

34 Weather story

Thema: Weather

Material: –

Wortschatz: warm, sunny, stormy, foggy, cloudy, windy, snowy, rainy, cold, hot

Redewendungen: It's warm.
It's sunny.
It's stormy.
It's foggy.
It's cloudy.
It's windy.
It's snowy.
It's rainy.
It's cold.
It's hot.

Durchführung:

Die Schüler stehen hinter ihren Stühlen. Der Lehrer sagt eine der Redewendungen und die Schüler müssen das genannte Wetter pantomimisch zeigen.

Die Ausführungen der Bewegungen werden festgelegt:

warm: Mit den Händen so tun, als wollte man das T-Shirt ausziehen.
sunny: Mit den Händen eine Sonne beschreiben.
stormy: Ganz stark pusten.
foggy: Die Hand vor die Augen halten.
cloudy: Eine Wolke darstellen mit den Händen.
windy: Schwach pusten.
snowy: Mit den Fingern den Schnee rieseln lassen.
rainy: Mit den Fingern auf den Tisch oder Stuhl trommeln.
cold: Die Arme vor dem Körper kreuzen und die Arme reiben.
hot: Mit der flachen Handrückseite über die Stirn gehen.

Variationen:

a) Die Schüler übernehmen abwechselnd die Rolle der Lehrkraft.

b) Die Sätze werden anfangs in der Reihenfolge genannt und der Lehrer macht die Bewegungen mit. Dann werden die Sätze durcheinander genannt.

Hinweis:

Wenn mehrere Kleingruppen gebildet werden, ist der Sprachanteil höher.

Beate Büngers / Kristin Rücker: Bewegtes Lernen! Englisch © Auer Verlag

35 Where to go?

Thema: Prepositions

Material: –

Wortschatz: on, under, in front of, behind, next to

Redewendungen: Go … your chair.
Go … your table.
The teddybear/pencil/… is …

Durchführung:

Die Schüler stehen neben ihren Stühlen. Der Lehrer gibt die Anweisungen, wo sich die Schüler hinstellen sollen.

Variationen:

a) Die Schüler übernehmen abwechselnd die Rolle des Lehrers.

b) Es werden mehrere Kleingruppen gebildet – so ist der Sprachanteil höher.

c) Anstatt einen Stuhl zu nehmen, kann man das Spiel auch mit den Schülertischen machen. Dann muss es heißen: Go … your table.

d) Dieses Spiel kann auch mit einem Gegenstand, wie z. B. mit einem Teddybär, Stift etc., gespielt werden. Dann muss es heißen: „The teddybear is …", „The pencil is …"

Hinweis:

Je schneller die Anweisungen hintereinander erfolgen, desto mehr Spaß macht das Spiel.

Beate Büngers/Kristin Rücker: Bewegtes Lernen! Englisch © Auer Verlag

Thema:	Prepositions
Material:	Kreisel aus Papier (gebastelt von den Schülern: besteht aus 6 Feldern, in jedes Feld wird eine Präposition geschrieben)
Wortschatz:	on, under, in front of, behind, next to
Redewendungen:	Go … your chair. Go … your table.

Durchführung:

Die Schüler spielen mit einem Partner zusammen. Im Wechsel wird der Kreisel (*spinning top*) gedreht. Mit der Präposition, auf deren Ecke der Kreisel liegengeblieben ist, wird der Partner aufgefordert: „Go … your chair." oder „Go … your table."

Variationen:

a) Es werden mehrere Kleingruppen gebildet und es wird mit nur einem Kreisel gespielt.

b) Der Schüler, der den Kreisel dreht, gibt auch den Befehl, was der Rest der Gruppe machen soll.

c) Wer eine falsche Ausführung macht, ist als Nächstes dran oder scheidet aus.

Hinweise:

Die Vorbereitung für den Kreisel beträgt ca. 15 Minuten.

Der Kreisel sollte auf festes Papier kopiert werden, denn dann ist er stabiler.

In die Mitte kann man einen spitzen Stift stecken, dann kann der Kreisel gedreht werden.

Beate Büngers/Kristin Rücker: Bewegtes Lernen! Englisch © Auer Verlag

Thema: Time

Material: –

Wortschatz: one o'clock, two o'clock, three o'clock, four o'clock, five o'clock, six o'clock, seven o'clock, eight o'clock, nine o'clock, ten o'clock, eleven o'clock, twelve o'clock

Redewendungen: What time is it, Mr. Wolf?
It's … o'clock.
It's time for breakfast.
It's time for lunch.
It's time for dinner.

Durchführung:

Auf der einen Seite des Raumes steht ein Kind, der Mr. Wolf, auf der anderen Seite stehen alle anderen Kinder. Sie sind die Hasen und rufen: „What time is it, Mr. Wolf?" Mr. Wolf antwortet z. B.: „It's two o'clock." Nun müssen die Hasen zwei Schritte auf den Wolf zugehen. Danach wird wieder gefragt. Wenn der Wolf: „It's time for breakfast/lunch/dinner!"ruft, müssen alle Kinder schnell versuchen, auf die andere Seite zu gelangen. Die Kinder, die der Mr. Wolf fängt, gehen mit auf seine Seite und helfen ihm im nächsten Durchgang.

Variation:

Die Schüler können sich in Richtung von Mr. Wolf bewegen, indem sie beispielsweise hüpfend, krabbelnd oder in der Hocke zur gegenüberliegenden Seite gelangen. Diese Fortbewegungsarten bieten sich bei einem kleinen Klassenraum an.

Hinweis:

Dieses Spiel kann man gut auf dem Schulhof oder auch in der Turnhalle spielen.

Beate Büngers/Kristin Rücker: Bewegtes Lernen! Englisch © Auer Verlag

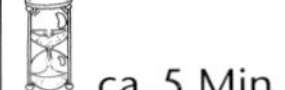

Thema: Time

Material: Softball

Wortschatz: one o'clock, two o'clock, three o'clock, four o'clock, five o'clock, six o'clock, seven o'clock, eight o'clock, nine o'clock, ten o'clock, eleven o'clock, twelve o'clock, bomb

Redewendungen: You are out.

Durchführung:

Die Schüler stehen im Kreis und geben die Bombe (Softball) herum. Ein Schüler steht außerhalb mit dem Rücken zum Kreis, sodass er den Ball nicht sehen kann. Er zählt langsam: "One o'clock, two o'clock ... bomb." Bei *bomb* findet eine Explosion statt und das Kind, bei dem der Ball gerade ist, muss sich hinsetzen und danach bei jeder genannten Uhrzeit einmal in die Hände klatschen. Das Spiel ist vorbei, wenn alle Kinder auf dem Boden sitzen.

Variationen:

a) Nach zwei oder auch drei Spieldurchgängen muss ein anderes Kind außen stehen, damit möglichst viele Kinder zum Sprechen kommen. Oder das Kind, bei dem der Ball gerade explodiert, steht als Nächstes außerhalb vom Kreis und nennt die Uhrzeiten.

b) Das Spiel kann auch in kleinen Gruppen gespielt werden. Dann werden allerdings mehrere Softbälle benötigt.

Hinweis:

Damit der Softball gut weitergegeben werden kann, sollte er die Größe eines Gymnastikballs besitzen.

Beate Büngers / Kristin Rücker: Bewegtes Lernen! Englisch © Auer Verlag

39 Job whisper

ca. 10 Min. **mittel**

Thema: Jobs

Material: –

Wortschatz: teacher, doctor, butcher, baker, hairdresser, mechanic, shop assistant, pilot

Redewendungen: –

Durchführung:

Die Schüler sitzen alle im Kreis. Gemeinsam wird ein Rhythmus zu dem Spruch *Chinese whisper* geklopft. Zunächst mit beiden Händen 1× auf die Oberschenkel (*Chi-*), dann 1× in die Hände klatschen (*-nese*) und dann werden die Hände umeinander gedreht (*whisper*). Der Lehrer flüstert dem ersten Kind ein Wort aus dem Bereich *jobs* zu, das dieses dann dem nächsten Kind weiterflüstert. Dabei wird aber weiterhin der Rhythmus geklopft.

Variation:

Dieses Spiel kann auch in den Tischgruppen oder in kleineren Gruppen gespielt werden.

Hinweis:

Nur der Lehrer sollte die Wörter flüstern, da sie dann zumindest am Anfang richtig ausgesprochen werden.

Beate Büngers/Kristin Rücker: Bewegtes Lernen! Englisch © Auer Verlag

40 Guess my job

Thema: Jobs

Material: Musik

Wortschatz: teacher, doctor, butcher, baker, hairdresser, mechanic, shop assistant, pilot

Redewendungen: Are you a/an …?
No, I'm not.
Yes, I'm a/an …

Durchführung:

Die Schüler bewegen sich zu der Musik im Kreis. Bei Musikstopp erstarren alle in der Pose eines aus dem Unterricht bekannten *jobs*. Der Lehrer fragt nun einzelne Schüler nach ihrem *job*, indem er fragt: „Are you a/an …?" Die befragten Schüler antworten entsprechend ihrer dargestellten Pose: „No, I'm not." oder „Yes, I'm a/an …"

Variationen:

a) Die Schüler übernehmen abwechselnd die Rolle des Lehrers.

b) Es werden mehrere Kleingruppen gebildet, damit der Sprachanteil der Schüler untereinander höher ist.

c) Das befragte Kind ist in der nächsten Runde an der Reihe.

Hinweis:

Die *jobs* können an der Tafel stehen. So fällt es den Schülern leichter, einen *job* auszuwählen.

Beate Büngers/Kristin Rücker: Bewegtes Lernen! Englisch © Auer Verlag

Thema: Vehicles

Material: –

Wortschatz: –

Redewendungen: siehe Durchführung

Durchführung:

Gemeinsam wird das Lied gesungen und die passenden Bewegungen werden ausgeführt:

The wheels on the bus go round and round, round and round, round and round.
The wheels on the bus go round and round all day long.
(Die Schüler beschreiben kreisförmige Bewegungen mit den Armen.)
The whipers on the bus go swish and swish, swish and swish, swish and swish.
The whipers on the bus go swish and swish all day long.
(Die Schüler machen mit langgestreckten Armen die Bewegungen eines Scheibenwischers, der hin- und hergeht.)
The driver on the bus goes toot and toot, toot and toot, toot and toot.
The driver on the bus goes toot and toot all day long.
(Die Schüler machen auf der Stelle Bewegungen vor und zurück, um das Fahren des Buses zu zeigen.)
The engine on the bus goes broom and broom, broom and broom, broom and broom.
The engine on the bus goes broom and broom all day long.
(Die Schüler lenken das Lenkrad.)
The babies on the bus go wha and wha, wha and wha, wha and wha.
The babies on the bus go wha and wha all day long.
(Die Schüler wiegen mit den Armen pantomimisch ein Baby und verziehen das Gesicht zu Schreibewegungen.)
The mummies on the bus go shh and shh, shh and shh, shh and shh.
The mummies on the bus go shh and shh all day long.
(Die Schüler legen den Finger auf den Mund.)
The babies on the bus fall fast asleep, schnrr and schnrr, schnrr and schnrr.
The babies on the bus fall fast asleep all day long.
(Die Schüler legen ihren Kopf auf beide Hände, um das Schlafen zu zeigen.)
The wheels on the bus go round and round, round and round, round and round.
The wheels on the bus go round and round all day long.
(Die Schüler beschreiben kreisförmige Bewegungen mit den Armen.)

Hinweise:

Es ist für die Schüler einfacher, die Strophen mitzusingen, wenn sie vor dem ersten Singen gemeinsam gelesen und durchgesprochen werden.

Dieses Lied bietet sich auch zum Vorführen an.

Beate Büngers/Kristin Rücker: Bewegtes Lernen! Englisch © Auer Verlag

Thema:	Vehicles
Material:	Musik
Wortschatz:	train, bus, car, plane, underground, lorry, boat, scooter, bike, skateboard
Redewendungen:	Let's go by …

Durchführung:

Die Schüler bewegen sich zu der Musik in der Klasse. Bei Musikstopp sagt der Lehrer: „Let's go by …". Nun bewegen sich die Schüler wie das genannte Fahrzeug. Bei Einsetzen der Musik bewegen sich alle wieder zu der Musik im Raum.

Variationen:

a) Ein Schüler übernimmt die Rolle des Lehrers. Dabei wechseln sich die Schüler ab, sodass möglichst viele Schüler ein Fahrzeug nennen können.

b) Dieses Spiel kann auch ohne Musik in kleinen Gruppen gespielt werden. Das Kind, das als Letztes die Bewegung ausführt, darf das nächste Fahrzeug nennen.

c) Wenn der Lehrer oder ein Schüler bei Musikstopp die Bewegungsanweisung gegeben hat, bewegen sich bei Einsetzen der Musik alle solange wie das genannte Fahrzeug, bis die Musik wieder stoppt und eine neue Anweisung gegeben wird.

Hinweise:

Die Musik soll so ausgewählt werden, dass sich die Kinder gut dazu bewegen können.

Beate Büngers/Kristin Rücker: Bewegtes Lernen! Englisch © Auer Verlag

Thema: Alphabet
Material: –

Wortschatz: Abc
Redewendungen: Guess my letter.

Durchführung:

Die Schüler arbeiten mit einem Partner zusammen. Ein Partner schreibt dem anderen einen Buchstaben auf den Rücken und dieser sagt: „Guess my letter." Der andere muss den Buchstaben erraten und auf Englisch benennen. Dann ist er an der Reihe und schreibt seinem Partner einen Buchstaben auf den Rücken.

Variation:

Das Erraten der englischen Buchstaben kann auch als Wettspiel gespielt werden: Ist der Buchstabe richtig erraten worden, wird für das Kind ein Punkt aufgeschrieben. Sieger ist, wer nach einer vorgegebenen Zeit die meisten Punkte hat.

Hinweise:

Zum Schreiben kann auch ein umgedrehter Blei- oder Buntstift genommen werden. So werden die geschriebenen Buchstaben intensiver wahrgenommen.

Die Schüler sollten das englische Abc gelernt haben und aufsagen können.

Dieses Spiel kann auch mit dem Themengebiet *numbers* gespielt werden.

Beate Büngers / Kristin Rücker: Bewegtes Lernen! Englisch © Auer Verlag

Thema: Alphabet
Material: 2 Tafelschwämme oder 2 Tafellappen

Wortschatz: Abc
Redewendungen: –

Durchführung:

Die Klasse wird in zwei Gruppen eingeteilt. Auf jeder Tafelhälfte stehen für jede Gruppe die Buchstaben des Abc durcheinander. Jede Gruppe bekommt einen Tafelschwamm oder einen Tafellappen. Nun nennt der Lehrer einen Buchstaben des Abc auf Englisch. Jeweils der erste Schüler einer Gruppe rennt mit dem Schwamm oder Lappen zur Tafel und wischt den genannten Buchstaben schnell weg. Wer den Buchstaben als Erstes entfernt hat, bekommt für seine Gruppe einen Punkt. Sieger ist die Gruppe, die die meisten Punkte hat.

Variation:

Dieses Spiel kann auch in mehreren Kleingruppen gespielt werden. Alle Kinder einer Gruppe stehen hinter ihren Stühlen und haben vor sich das Blatt mit den Buchstaben des Abc liegen. Pro Gruppe gibt es nur einen Stift und ein Abc-Blatt, um den vom Lehrer genannten Buchstaben durchzustreichen.
Schüler, die einen Buchstaben in ihrer Gruppe durchgestrichen haben, setzen sich schnell auf ihren Stuhl. So kann der Lehrer kontrollieren, wer am schnellsten war und ob auch der richtige Buchstabe durchgestrichen worden ist. Die Gruppe, die den richtigen Buchstaben am schnellsten durchgestrichen hat und bei der das Kind auch als Erstes auf seinem Stuhl sitzt, bekommt einen Punkt. Sieger ist die Gruppe mit den meisten Punkten.

Hinweis:

Es ist sinnvoll, vor Spielbeginn in den Gruppen festzulegen, in welcher Reihenfolge die Gruppenmitglieder antreten.

Beate Büngers/Kristin Rücker: Bewegtes Lernen! Englisch © Auer Verlag

45 Vampire and skeleton

Thema: Halloween

Material: –

Wortschatz: one, two, three, ..., twelve
vampire, skeleton

Redewendungen: Sing a song.
Clap your hands.
Dance.
Jump.
Scream.
...

Durchführung:

Die Schüler stehen im Kreis. Ein Kind ist der Vampir (*vampire*). Dieses Kind geht um den Kreis herum, berührt nacheinander jedes Kind auf dem Rücken und sagt bei jeder Berührung die englischen Zahlen von 1–12 auf. Ist es beim 13. Kind angekommen, ruft der *vampire*: „Skeleton". Nun muss das berührte Kind hinter dem *vampire* herlaufen und versuchen, diesen zu fangen. Gelingt dies, darf das *skeleton*-Kind dem *vampire* eine Aufgabe stellen, wie z.B. „Sing a song!" Schafft es der *vampire*, die frei gewordene Lücke zu erreichen, ohne gefangen zu werden, so ist das *skeleton* nun an der Reihe und geht als *vampire* um den Kreis herum.

Variationen:

Das Spiel kann auch so gespielt werden, dass sich der *vampire* auf eine bestimmte Art und Weise um den Kreis bewegen muss, wie z.B. hüpfend oder kriechend. Das Kind, bei dem bei der Berührung des Rückens *skeleton* gesagt wird, muss sich dann genauso bewegen.

Hinweise:

In Kleingruppen kommen die Schüler öfter dran.

Die englischen Zahlen von 1–12 können für alle sichtbar an der Tafel oder auf einem großen Plakat stehen.

Beate Büngers / Kristin Rücker: Bewegtes Lernen! Englisch © Auer Verlag

46 What makes you scream?

ca. 10 Min. **hoch**

Thema: Halloween

Material: –

Wortschatz: witch, spider, dog, cat, skeleton, vampire, mouse, snake, worm, ghost, frog legs, pumpkin

Redewendungen: Halloween is coming soon, coming soon, coming soon,
Halloween is coming soon
What makes you scream?
(Melodie von London bridge)

Durchführung:

Alle Schüler stehen in einem Kreis. Ein Kind ist in der Mitte. Die Kinder im Kreis bewegen sich in einer Richtung und sagen dabei den Halloween-Spruch auf. Dann hält der Kreis an und das Kind in der Mitte zeigt mit dem Finger auf ein Kind und fragt: „What makes you scream?". Das Kind, auf das gezeigt wurde, kommt in die Mitte und zeigt pantomimisch, wovor es Angst hat. Das Kind aus dem Kreis, das als Erstes errät, was pantomimisch dargestellt wurde, darf sich als Nächstes in die Kreismitte stellen. Alles beginnt wieder von vorne.

Variationen:

a) Die Wörter, die besagen, wovor man sich an Halloween fürchten kann, können alle an der Tafel stehen. Jedes Mal, wenn ein Wort erraten worden ist, wird es dann von der Tafel weggewischt.

b) Auch das Kind in der Mitte kann sich bewegen (z. B. hüpfen, groß- und kleinmachen etc.).

Hinweise:

Bevor das Spiel gespielt wird, sollte gewährleistet sein, dass alle Kinder den Halloween-Spruch aufsagen können.

Es sollten nicht immer dieselben Kinder, sondern möglichst viele verschiedene an die Reihe kommen.

Beate Bungers / Kristin Rücker: Bewegtes Lernen! Englisch © Auer Verlag

Thema: Christmas

Material: Karton mit Gegenständen (für jedes Kind 1), die den Kindern aus dem Unterricht bekannt sind. Alternativ kann man auch Bildkarten mit Gegenständen aus den vorangegangenen Unterrichtsstunden in den Karton packen.

Wortschatz: –

Redewendungen: I pass the present to …
I take out a/an …
I put in a/an …

Durchführung:

Die Schüler sitzen im Kreis. Das Paket mit den Geschenken wird herumgegeben. Der Schüler, der beginnt, gibt den Karton einem Kind aus der Klasse, indem er spricht: „I pass the present to …". Das Kind, bei dem der Karton angekommen ist, schaut in den Karton und nimmt einen Gegenstand heraus, indem es spricht: „I take out a/an …". Dann legt es diesen Gegenstand vor sich in den Kreis und benennt ein anderes Kind, zu dem nun der Karton gelangen soll. Das Spiel ist beendet, wenn jedes Kind ein Geschenk bekommen hat.

Variation:

Wenn jedes Kind ein Geschenk vor sich liegen hat, kann man das Spiel umgekehrt fortsetzen, indem wieder ein Kind sagt „I pass the present to …". Wenn der Karton bei dem genannten Kind angekommen ist, legt dieses Kind sein Geschenk wieder in den Karton hinein, indem es sagt: „I put in a/an …".

Hinweis:

Vor Spielbeginn kann man die Schüler erraten lassen, was sich im Paket befindet. Dadurch wird die Motivation erhöht.

Beate Büngers/Kristin Rücker: Bewegtes Lernen! Englisch © Auer Verlag

Thema: Christmas

Material: –

Wortschatz: –

Redewendungen: siehe Durchführung

Durchführung:

Die Schüler stehen im Kreis. Der Lehrer spricht den Vers und macht gleichzeitig die Bewegungen vor, die die Schüler dann mitmachen:

I hear them, I hear them
(Die Schüler halten die Hände an die Ohren.)
I hear them on the roof
(Mit den Händen ein Dach zeigen.)
The reindeers are coming
(Die Finger der Hände werden rechts und links an den Kopf gelegt, sodass ein Geweih entsteht.)
I hear each prancing hoof
(Mit den Füßen scharren.)
With a jingle, jingle bell
(Alle klatschen mehrmals im Takt in die Hände.)
And a clap, clap, clap
(Mit den Händen auf die Oberschenkel schlagen.)
And a clatter, clatter, clatter
(Mit den Füßen auf dem Boden scharren.)
At the chimney top
(Mit den Händen wird ein Schornstein geformt.)
I hear them, I hear them
(Die Hände werden rechts und links an die Ohren gelegt.)
I hear them on the roof
(Mit den Händen ein Dach zeigen.)

Variationen:

a) Wenn die Schüler den Vers auswendig können, kann auch ein Schüler die Rolle des Lehrers übernehmen.

b) Abwechselnd sprechen die Jungen und die Mädchen zusammen.

Hinweis:

Dieser Bewegungsreim bietet sich auch zum Vorführen an.

Beate Büngers / Kristin Rücker: Bewegtes Lernen! Englisch © Auer Verlag

Thema: Easter

Material: Bildkarten „Easter“

Wortschatz: Easter egg, Easter basket, Easter rabbit, Easter grass, butterfly, flower

Redewendungen: Ready, steady, go and get me the …

Durchführung:

Im Klassenraum liegen auf dem Boden verteilt die Bildkarten. Zwei Schüler befinden sich an der Startposition und der Lehrer sagt: „Ready, steady, go and get me the …“ Auf dieses Startzeichen versuchen die beiden Schüler, so schnell wie möglich die genannte Karte zu finden und zur Startposition zu bringen. Haben sie es geschafft, sind die nächsten beiden Schüler dran.

Variationen:

a) Die Klasse wird in zwei Gruppen eingeteilt und jede Gruppe spielt für sich. So geht es schneller und die Wartezeiten werden kürzer. Auch hier kann ein Schüler die Startkommandos geben.

b) Dieses Spiel kann auch als Mannschaftswettspiel gespielt werden, dann bekommt immer das Kind, das am schnellsten ist, einen Punkt für seine Gruppe.

c) Man kann dieses Spiel auch auf dem Schulhof oder in der Turnhalle spielen.

Hinweis:

Es sollte darauf geachtet werden, dass die passiven Mitspieler nicht vorsagen, wo die Karten liegen, denn sonst geht der Spaß am Spiel verloren.

Beate Büngers/Kristin Rücker: Bewegtes Lernen! Englisch © Auer Verlag

0 Easter egg

ca. 10 Min. **gering**

Thema:	Easter
Material:	Osterei, Plastikei oder ein anderer eierförmiger Gegenstand
Wortschatz:	Easter bunny, you can't find your egg. Someone has got it. Go and check.
Redewendungen:	Have you got my Easter egg? Yes, I have. No, I haven't.

Durchführung:

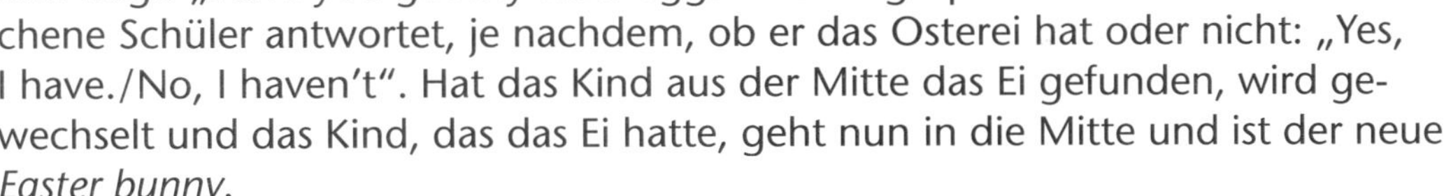

Die Schüler stehen ganz dicht aneinander im Kreis. Ein Kind ist der Osterhase (*Easter bunny*) und steht in der Mitte des Kreises. Der Lehrer spricht mit den Kindern zusammen den Osterspruch. Gleichzeitig geben die Kreiskinder das Osterei hinter ihren Rücken von einem Kind zum anderen. Wenn der Osterspruch endet, muss das Kind in der Mitte versuchen, das Osterei zu finden, indem es sich vor einen Schüler stellt und fragt: „Have you got my Ester egg?" Der angesprochene Schüler antwortet, je nachdem, ob er das Osterei hat oder nicht: „Yes, I have./No, I haven't". Hat das Kind aus der Mitte das Ei gefunden, wird gewechselt und das Kind, das das Ei hatte, geht nun in die Mitte und ist der neue *Easter bunny*.

Variation:

Wenn das Kind von der Kreismitte dreimal gefragt hat und das Ei immer noch nicht gefunden hat, geht das zuletzt befragte Kind in die Mitte und man beginnt wieder von vorne.

Hinweise:

Das Ei darf nur während des Reims weitergegeben werden.

Spielt man das Spiel mit einem Plastikei, so kann dies, sollte es den Kindern aus der Hand fallen, nicht kaputtgehen.

Beate Bungers/Kristin Rucker: Bewegtes Lernen! Englisch © Auer Verlag